CATALOGUS

Van een groote party

Konftige en plaifante

SCHILDERYEN,

Soo van Italiaanfche als Nederlandfche

MEESTERS,

Nagelaaten door wylen de Erfgenaamen van den
Konftfchilder Cafper Netfcher, en **.**
C. Schouwman, en andere.

Welke alle publicq verkogt fullen werden op
Dingsdag den 15 July 1749 en volgende daagen, op
de Konftfchilders Confrerie-Kamer in 's Gra-
venhage, op de Princegragt, des morgens
ten tien en des namiddags ten drie
uuren precies te beginnen.

Konnende defelve door de Liefhebbers gefien werden
Saturdags en 's Maandags voor de Verkooping.

CATALOGUS

Van een groote party

KONSTIGE EN PLAISANTE

SCHILDERYEN,

Soo van Italiaanfche als Nederlandfche

MEESTERS,

No. 1   En Kraamkamer, door den ouden Netfcher, feer uitvoerig en van fijn befte
tyd, hoog agt en twintig en breed vier
en twintig duim.

2   Het Portrait van den ouden Netfcher fijn Vrouw,
fraay gefchildert in fijn befte tyd, hoog elf, breed
agt en een half duim.

3   Een Portraitje van dito Netfcher, hoog neegen
en een half en breed fes en een half duim.

4   Een Vrouws Portraitje in 't rond, van den felven, hoog vier en een half duim.

5   Een Portrait, door den jonge Netfcher, hoog
agtien en een half, breed vyftien duim.

6   De Hiftorie van de koopere Slang in de Woes-
tyne,

tyne, op Kooper. door P. P. Rubbens, hoog
feftien, breed tw e en twintig duim.

7   De Kruifiging van Chriftus, vol Werk, door
Carel Vermander, hoog feeventien, breed vyftien
duim.

8   Een Venus, door van Baalen, uitvoerig gefchildert, zynde het Landfchap door den Fluweelen
Breugel, hoog neegentien, breed vyftien duim.

9   Sufanna met de Boeven, door G. Schalken,
hoog neegentien, breed vyftien en een half duim.

10   Een ftudeerende Advocaat, vreemd, hoog dertien, breed elf duim.

11   Een Medecinæ Doktor, door den felven, zynde
een weerga.

12   Een Vrouwtje Appelen fchillende, door G.
Metzu, hoog elf, breed tien duim.

13   Een Vrouwtje, houdende een Glas in de hand,
&c. door den felven, hoog en breed als vooren.

14   Een Vrouwtje dat Lynwaat wafcht, door den
felven, hoog elf, breed neegen duim.

15   Chriftus in den Hof met Maria, door P. P.
Rubens, hoog neegentien en breed neegen en
twintig duim.

16   Een biddende Maria, door W. Dodyns, hoog
feeven en dertig, breed neegen en veertig duim.

17 Een

17   Een fraaye Battailje, door J. van Hugtenburg, hoog vyftien, breed een en twintig duim.

18   Een fraay Landfchap, door N. Huysman, hoog een en dertig, breed vier en twintig duim.

19   Een dito Landfchap door den felven, hoog en breed als vooren.

20   Een Doctor by een fieke Juffrouw &c., door Jan Steen of Brakenburg, hoog twaalf en breed neegen en een half duim.

21   Een ouden Boef te Bed leggende &c. door Jan Steen, hoog elf, breed neegen en een half duim.

22   Een Bloemftuk, door de Heem, hoog dertig breed een en twintig duim.

23   Een Fruitftuk door den felven, hoog en breed als vooren.

24   Een Fruit- en Bloemftuk &c. door J. M. Weeninx, hoog een en dertig, breed drie en twintig duim.

25   Een naakt Vrouwebeeld, zynde een Schets van Anthony van Dyk, hoog twaalf, breed neegen duim.

26   Een Bloemftuk, door C. B. Voet, hoog drie en twintig en breed neegentien duim.

27   Een Fruitftuk door den felven, hoog en breed als vooren.

A 3

28 Een

28   Een vrolijk Gefelfchap, door Jacob Toornvliet, hoog feeventien en een half, breed vyftien duim.

29   Een Alchimift door den felven, hoog en breed als vooren.

30   Een Boere Bruyloft, door J. Molenaar, hoog drie en dertig, breed veertig duim.

31   Een luftig Gefelfchap fpeelende &c. door den felven, hoog en breed als vooren.

32   Een fraay Landfchap met Vee, door Adriaan vande Velde, hoog dertien, breed twaalf duim.

33   Een Wintertje &c. door den felven, hoog tien, breed feftien duim.

34   Een biddend Hermietje &c. door P. van Slingeland, hoog tien, breed agt duim.

35   Een Badje met naakte Beeldjens, door C. Poelenburg, hoog feeven, breed neegen en een half duim.

36   Een Boere Kermisje, door D. Teniers de jonge, hoog fes en een half, breed neegen duim.

37   Een Boere Huis in brand, door E. vander Hoek, hoog agtien, breed veertien duim.

38   Samfom en Delila &c. door G. Hoet, hoog fes en breed vier en een half duim.

39 Een

39   Een Campement, door J. van Hugtenburg, hoog veertien, breed feftien duim.

40   Een fchermutfeerende Party, door B. van Kalraat, hoog dertien, breed feeventien duim.

41   Een Boere Kermis, door Droogfloot, hoog negentien, breed vier en twintig duim.

42   Een vrolyk Gefelfchap door den felven, hoog en breed als vooren.

43   Een Juffertje Oefters eetende &c. door Waardig, hoog dertien, breed tien duim.

44   Dito met Fruit en Bloemen door den felven, hoog en breed als vooren.

45   Een Berg en Watergefigtje in 't Bofch &c. door A. Kuyp foo gemeent word, ovaal twaalf, breed tien duim.

46   Eenige Jagers in 't Woud &c. door B. van Kalraat, ovaal en groot als vooren.

47   Een rookent Mannetje, door vander Burg, hoog tien, breed agt en een half duim.

48   Een flaapend Vrouwe Beeldje, door den felven, hoog en breed als vooren.

49   Een Landfchap met naakte Beeldjes, door C. Poelenburg, hoog fes, breed feeven duim.

50   Een Mans Portraitje op fijn Turks gekleed,
door

door G. Dou, ovaal, hoog fes en een half, breed
vyf duim.

51   Een Vrouwe Beeldje door den felven, hoog en
breed als vooren.

52   Een Gevegt te Paard, door een onbekent Meefter, hoog agt, breed elf duim.

53   Een Zeetje met Scheepen, door A. R., hoog
veertien en breed veertien duim.

54   Een Bloemftuk onbekend.

55   Een dito Fruitftuk.

56   Een Boere Huis in 't Geboomte &c.

57   Een Vrouwtje met haar Hondje.

58   Een Landfchap.

59   Een Gefigt van 't Huis in 't Bofch.

60   Een ftuk van Beeldemaaker fonder Lyft.

61   Twee ronde Stukjes door den felven.

62   Een Vrugtftuk van Annot.

63   Een dito door C. de Heem.

64   Twee dito van den felven.

65   Een Landfchapje van Thomas Wyck.

66 Twee

66 Twee Bachale van G. Hoet.

67 Twee dito met Kindertjes, van de Wit.

68 Twee Watergefigten van L. Backhuyfen, verbeeldende Amfterdam en Rotterdam.

69 Een dito met een Jagt, van den felven.

70 Een dito van den felven.

71 Een Stukje met Beeldjes, door J. van Gool.

72 Twee Stukjes met Kindertjes, door Blyhooft.

73 Twee Landfchapjes, door J. vander Meer.

74 Een Bloemftukje van Feerendaal.

75 Een Prins of Vorft die de Sleutels ontfangt,
van een goed Meefter.

76 Een Soldertje van Biffchop.

77 Een flaapende Venus van Aart Schouwman, na
A. vander Burg.

78 Twee dito na den felven.

79 Een Haringmeysje na den felven.

80 Een Landfchapje van Thomas Wyck,

81 Een klein Vrouwe Portraitje.

B

82 Fen

82 Een Zeetje van R. Zeeman.

83 Een Modelletje met een Vogel en Bloemen van Buffchop.

84 Twee Stukjes met Bloemen en Vrugten van K. Roepel.

85 Twee Landfchapjes van Boudewyns, op Kooper.

86 Een Bybelfche Hiftorie daar Abraham Hagar uitdryft, door L. Seur.

87 Een Stukje van Jan Steen.

88 Een Landfchapje in de manier van Breugel.

89 Een Tempeltje van Ifacq van Nickelen.

90 Een Landfchapje van Jan van Goyen.

91 Een dito van Berghem.

92 Een Stukje van Bifet.

93 Twee Landfchapjes van Boudewyn.

94 Twee dito.

95 Twee Bybelfche Hiftorien, na Houbraken, door C. S.

96 Een Venusje, na Verkolje, door dito.

97 Een

97   Een Gefigt van Loenen, na Backhuyfen, door dito.

98   Een Zee door dito, na den felven.

99   Een dito.

100   Een Jager.

101   Twee Stuks.

102   Een Zeetje na Willem vande Velde.

103   Twee met Waterverf in vergulde Lysjes, van A. Schouman.

104   Een leefende Maria.

105   Een Zeetje van Smit.

106   Een Tempeltje van C. de Man.

107   Een Zeetje van Backhuyfen.

108   De Haagfche Groenmarkt, door J. van Beeft.

109   Een fingende Vrouw.

110   Het Hoofd van Holofernis.

111   Twee Gefigten van Jan van Goyen.

112   Een Bloemftukje.

B 2

113 Twee

126 Een geboorte van Chriſtus, ſeer uitvoerig, van een voornaam Meeſter.

127 Een Quakſalver van Jan Steen.

128 Een Geſelſchapje, door den ſelven.

129 Een Landſchap, door C. Poelenburg.

130 Een Tempel, door A. Verdoel.

131 Een Corps de Guarde, door la Ducq.

132 Een Kinderſpel, door J. H.

133 Een ontmoeting van Herders, door Caree.

134 Twee vrolyke Geſelſchapjes, door A. Verdoel.

135 Twee Bloemſtukjes, door Verbrugge.

136 Een Boerevreugt, door Droogſloot.

137 Een Boere Dorp, door Momper.

138 Een Winter door den ſelven.

139 Een Bloemſtuk door Mortel.

140 Een Boere Regtbank, door P. de Bloot.

141 Twee Fruit- en Bloemſtukjes, door D. de Heem.

B 3

142 Een

142   Een Bloemftuk, door P· Verbrugge.

143   Een geboorte van Chriftus, door M. Caree.

144   Twee zynde een Wintertje en Somer, door Jan Molenaar.

145   Twee Gefigten van Verfailles, op Kooper.

146   Twee dito.

147   Twee dito.

148   Twee plaifante Landfchapjes, door M. B.

149   Twee dito.

150   Twee Landfchapjes met Schaapjes en Bokjes, door S. H. K.

151   Twee Philofophen, door A. Verdoel.

152   Twee zynde ieder een Boertje en Boerinnetje, door defelve.

153   Een Stukje met rookende Boeren, door N. D.

154   Een Venetiaans Gefigt.

155   Een Stuk verbeeldende Jacob by Rachel aan de Put, geevende fijn Vee te drinken.

156   Een Brand van Troyen.

157 Een

157　Een Stuk verbeeldende de Tyd, door Pieter Thys.

158　Mofes flaande het Water uit de Rotsfteen, door D. Colyns.

159　Het Portrait van Piet Heyn geboetfeert.

160　Een heerlijk Stuk van P. P. Rubbens met drie Beelden ～～～, hoog twee voet drie duim, breed een voet agt duim.

161　Een Cabinetftuk, zynde een Binnekamer met elf Beelden, daar men verkeeren fpeelt, feer fraay, hoog een voet agt duim, breed twee voet een duim.

162　Een oud Man die Goud weegt, door van Tol, foo fraay als Douw.

163　Een Philofooph, door Anthony van Dyk, fterk gefchildert.

164　Een fchoon Landfchap van Moucheron, door Lingelbach geftoffeert.

165　Een dito van den felven, zynde een weerga.

166　Een Bloem- en Fruitftuk van Minjon, nooyt beeter van hem gefien.

167　Een Sufanna met de Boeven, na vander Werf, fraay gefchildert.

168 Een

168 Een Rivier met Gebouwen, netjes géfchildert, in de manier van Breugel.

169 Twee Fruitftukjes van Gillemans.

170 Een Vrouwtje die Koeken bakt, door G. Bree-kelenkam.

171 Twee Stuks van J. Oly van fijn befte tyd.

172 Een Binnenhuis, door B. Nollekens, in de ma-nier van Brouwer.

173 Twee fraaye Gebouwen met Perfpeftiven, door Beereftraaten.

174 Een Bachanaal van den ouden Haansbergen, heel fraay.

175 Een Scheepswerf van Amfterdam, door Zee-man, foo goed als van vande Velde.

176 Een fraay plaifant Wintertje met veel Schaats-ryders en Bywerk, door Vinkeboom.

177 Het Paafchlam, door Michal Angelo.

178 Het Vrouwtje in overfpel, van Hans Jordaans, net en uitvoerig.

179 Een Fruitftukje van Gillemans, natuurlijk ge-fchildert.

180 Een uitvoerig Landfchapje op Kooper, met een

ren-

rencontre van Ruiters, uitvoerig, foo goed als Breugel.

181 Een Familieſtuk, fraay gefchildert.

182 Twee Kopjes extra fraay geteekent door A. D. C. 1638.

183 Een Bloempotje, Miniatuur met een Glas daar voor.

184 Een Stukje met drie Kindertjes, van Netfcher.

185 Een capitaal Landfchap, verbeeldende daar in Hagar met den Engel, door AB. Dennin.

186 Een Zeehaaven, door Monix.

187 Een dito van den felven, zynde een weerga.

189 Een met Kindertjes, Fruyt en Bloemen, van de Baah.

190 Een dito die Blaasjes maaken, van den felven, zynde een weerga.

191 Een Stuk verbeeldende Petrus, door een voornaam Italiaanfch Meeſter.

192 Een Heylige Familie na Titiaan.

193 Een Zeetje van Percellis.

194 Een weerga tot het felve.

C

195 Een jong Meysje, in de manier van Rembrand.

196 Een Kopje van de Baan.

197 Een Brandje.

198 Een leefend Mannetje.

199 Een Zeeſtuk.

200 Een capitaal Stuk daar Alexander het Graf van Eneas komt ſien, ſeer konſtig geſchildert door Lukeeſe.

201 Een dito, zynde een weerga tot het ſelve.

202 Een Stuk verbeeldende daar Diana haar waſt, en haar Maagden op de Jagt zyn geweeſt, door Dodyns van ſijn beſte tyd.

203 Een Stuk verbeeldende een Zeegevegt tuſſchen de Spaanſche en Engelſche.

204 Een Maasgeſigt vol Scheepen.

205 Een dito.

206 Een dito door Scheller.

207 Een dito door Willars, ſeer uitvoerig geſchildert.

208 Een Battailje, door H. Verſchuring.

209 Een

209   Een Man die op de Fluit fpeelt.

210   Een dito Juffrouw die op de Fluit fpeelt.

211   Een Stuk verbeeldende het laatfte Oordeel, fraay geteekent en gewaffchen.

212   Een Zeeftrant door van Vliet.

213   Het Portrait van Keifer Carel , door Octavio van Veen.

214   Een muficeerent Gefelfchap van J. van Lis.

215   Het Portrait van Simon de Vos.

216   Maria Magdalena van Anthony van Dyk.

217   Een Kop van den felven.

218   Twee Landfchappen van Claude Lorenoys.

219   Een Hiftorie door Barent Graat.

220   Een Landfehap door Caree, in de manier van Berchem.

221   Het Portrait van Benedetto Caftlione door hem felfs gefchildert.

222   Een Landfchap met Beelden en Ruïnes , door G. Hoed.

<table>
<tr><td>C 2</td><td>223 Twee</td></tr>
</table>

223 Twee Portraitten verbeeldende een Turkfche Keifer en Keiferin, door G. Douw.

224 Een Tafel met Vrugten door Sneyders.

225 Een Boere Binnehuis, daar een geflägte Os hangt, door Ifack van Oftade.

226 Een Schets van P. P. Rubens, verbeeld de Deluvie.

227 De inhaaling van Chriftus binnen Jerufalem, door van Arp.

228 Maria met het Kind en Jofeph, uit de School van Rubbens.

229 Twee Landfchappen van Wille.

230 Een Landfchap van W. van Drillenburg, door Ph. Wouwerman geftoffeert.

231 Een Landfchap, daar in verbeeld Sufanna met de Boeven, door Wouters.

232 Een Heidenfche Offerhande, door Paulo Veroneefe.

233 De aanbidding van de drie Koningen, door den ouden Teniers.

234 Twee Landfchapjes in de manier van Bérchem.

235 Een

235 Een Stuk met Koeyen en Schaapen, door C. Zagtleeven.

236 Een Boertje, door A. Brouwer.

237 Een dito.

238 Een Stukje in grauw, door Farg.

239 Een dito.

240 Een Landfchapje met Beefljes, door Breenberg.

241 Een Miniatuurftukje.

242 Twee Stukjes met een Jagt en doode Vogels en Wild, door Ad. Gryef.

243 Een uitvoerig Cabinetftuk van den Helfchen Breugel op Kooper, verbeeldende de Hiftorie van Eneas.

244 Een Stukje van E. Verdonk, in de manier van Zagtleeven.

245 Een dito van den felven.

246 Een plaifant en uitvoerig Stukje van den ouden Toornvliet, zynde een Doctor.

247 Een dito, verbeeldende een Advocaat, tot een weerga.

248 Een uitvoerig Landfchapje van Coningfloo.

C 3

249 Een

249   Een Stukje van A. Oftade anno 1637 gefchildert.

250   Een Harder en Harderin van Rubbens.

251   Een Man in 't fwart gekleed van Q. Breklenkam.

252   Een Stukje met doode Vogels, door Feit of een ander.

253   Twee Portraitjes in 't klein, zynde de Koning en Koningin van Boheemen, door den ouden Meytens.

Diverfche Schetfen van den ouden Netfcher, Doudeyns en andere.

Vyf Portraitten, gecrioneert door Rofalba, daar onder het Portrait van Pelegrinus.

Vier en twintig Teekeningen van diverfche Meefters.